VORWORT

MENSCHEN SIND GEMEINSAM!!

Wenn es so wäre... - leider nicht

Wegen Krieg, Gewalt, Macht, Egoismus

Aber ich habe tolle Menschen

Inspirationen von Almut Yxxxxx Verena Wxxxx

Katharina Sxxxx Barbara von Lxxxxxxxxx

Annette Wxxxxx Anne Mxxxxxx

Monika Kxxxxxxx Christina FallenAngel Waltl

Und natürlich desweiteren

Mein früherer Leibarzt ist noch in

Meinem Gehirn: denk net soo viel

Seine Medizin hab ich immer noch

Meine frühere Ärztin Dr W meinte

Mach die Maus einfach mit der linken Hand

Statt rechte Hand (meine "lahme Hand")

Mir hatte es geholfen

Meine frühere Logo (eine verkappte Psychologin)

Hatte 2018 - das 1. Jahr nach meinem Schlaganfall

Gute Gelassenheit mit 2 Tipps für mich - noch heute

Mit dem Bauch atmen

Langsam von 1 bis 10 und danach 10 bis 1 zählen

Für mich Gelassenheit und innere Ruhe

MENSCHEN KÖNNEN GUT SEIN

Aber es gibt Krieg, Gewalt, Macht, Egoismus

C P Gerd Steinkoenig 28.01.2023

LP-COVERS ODER SO

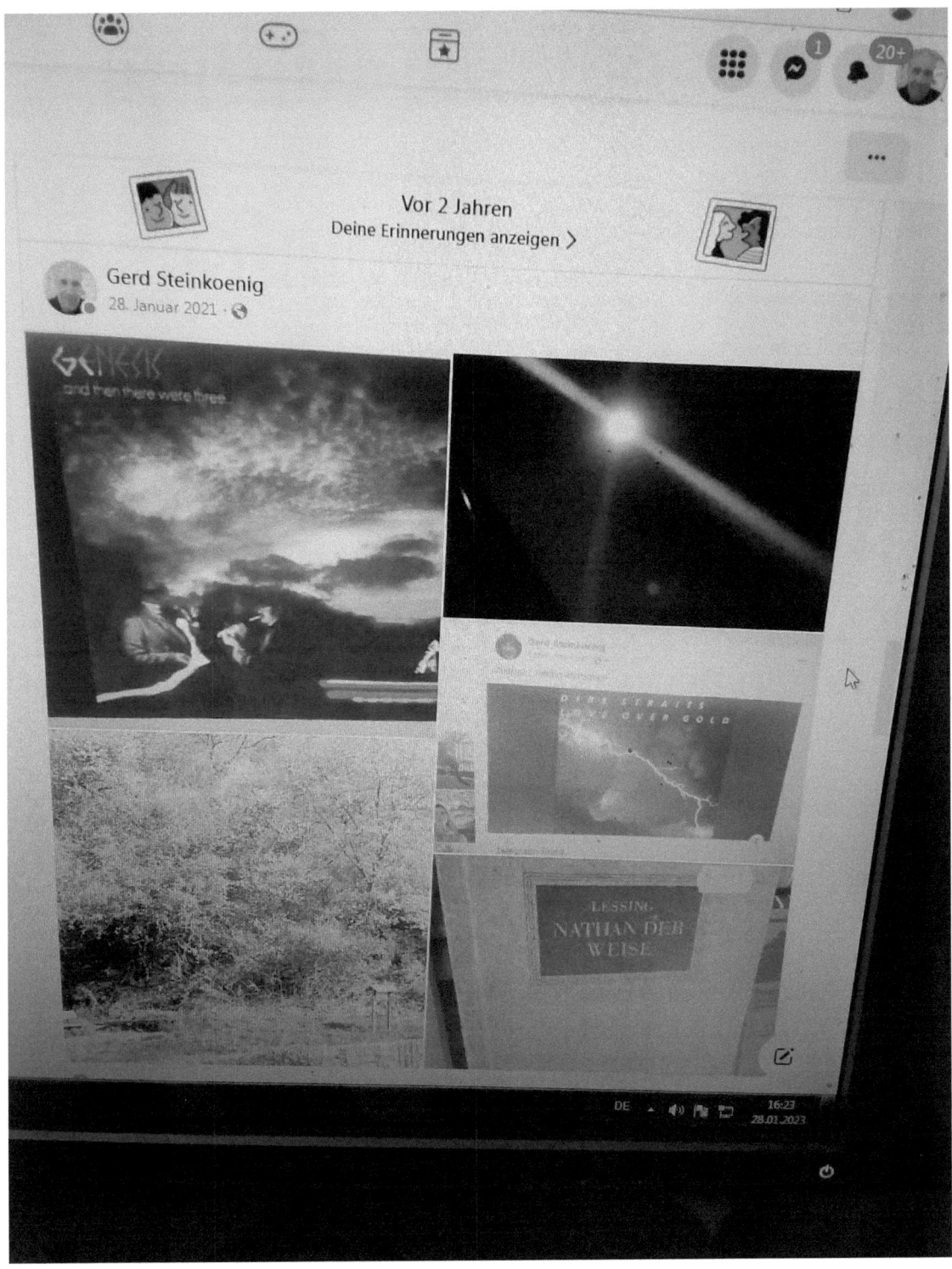

LP: LIFE FEEL

Abschlussprüfung für Polizeihunde

Selbstbeherrschung

LP: DOGCAT ONE

LP: THE RAINBOWBRIDGE

DAMALS, STUNDENLANG RADIO HÖREN, UM EIN BESTIMMTES LIED AUF KASSETTE AUFZUNEHMEN ICH WAR DABEI!

LP: WHERE IS HELTER SKELTER?

LP: TIME IN TIME

BOOKS AUS ALTEN ZEITEN UND WEITERES

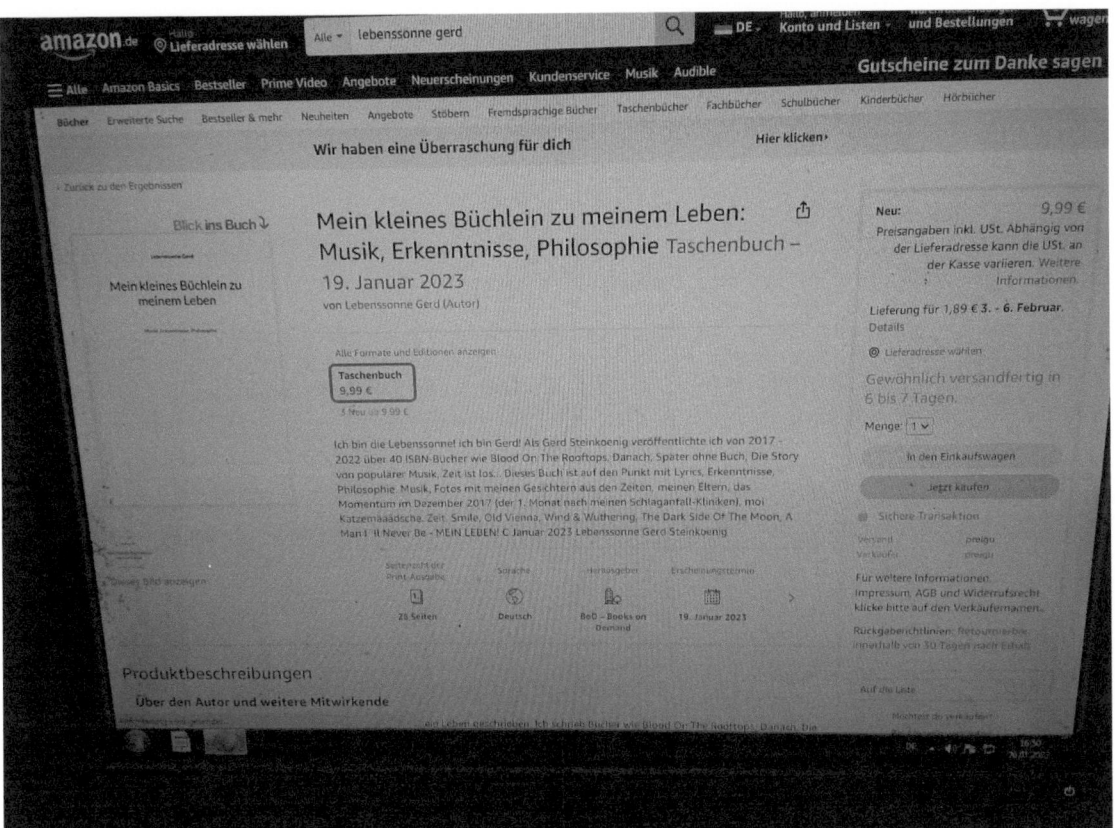

10 besondere Bücher aus meiner Büchersammlung: meine Handelsschule 1974 - 1976 mit
BWL und Deutsches Sprachbuch, aus den 1940ern mit Nathan der Weise / Minna von
Barnheim / Die Nibelungen / Wahrzeichen des Volksgeistes, aus den 1950ern mit der
Atombombe (Der Spiegel), die Ostverträge von 1970 (BRD mit UdSSR und Polen),
Geschichtsbuch (vermutlich aus den 1950ern), Strafvollzugsbuch aus den 1970ern (mein
Lehrbuch aus meiner 1980er JVA MA-Job)! Wie bei meinen Tonträgern, Visuellträgern,
Hefte, sind auch da, meine Lebensoasen. Wenn ich durch das BWL-Buch blätterte, war ich
sofort im Jahr 1974 oder 1975. Und ich sehe meine damalige Schrift aus dieser Zeit... Ich hab
viele weitere alte Bücher. Man denkt nicht an alt, wenn ich diese Simmel-Bücher sehe, aber
es ist trotzdem aus den 1970er Jahren... Oder aus den 1960ern/1970ern mit Mark Twain,
Karl May, Robert Ludlum, Kishon - alles alt aber geil! Und ich hab Unikate wie Vor allem

10

Sport (60er), Durch die weite Welt (60er)... Natürlich hab ich auch junge Bücher von Stephen King bis Nele Neuhaus etc. Aber - in der eBook und Internetzeit - sind die alten wohl riechenden alten Bücher niveaugeil! Apropos niveaugeil: ältere und alte Frauen sind die niveaugeilsten Frauen! Aber das ist ein anderes Thema... C P Gerd Steinkoenig Gerd F Steinkoenig Gerd Gerd 25.01.2023

Wilhelm Heinrich Riehl

Die Kunstdenkmale als Wahrzeichen des Volksgeistes

Herausgegeben von Edmund Hausen

Mit 11 Abbildungen

1940

Westmark-Verlag G.m.b.H., Ludwigshafen a. Rh.

Gesetz

über den Vollzug

der Freiheitsstrafe und der

freiheitsentziehenden Maßregeln der Besserung und Sicherung

— Strafvollzugsgesetz (StVollzG) —

vom 16. März 1976

– BGBl. I S. 581 –

mit

bundeseinheitlichen Verwaltungsvorschriften zum

Strafvollzugsgesetz

(VVStVollzG)

und

Dienst- und Sicherheitsvorschriften

für den Strafvollzug

(DSVollz)

und

den Allgemeinen Verwaltungs=
Vorschriften des Justizministeriums
(AV)

WAS MACHEN SIE ZUM NÄCHSTEN LEBEN?

Was machst Du nach dem Leben zum nächsten Leben?!?

Nirwana mit ALLEN Menschen und Tiere (mmh, nur Wirbeltiere?)

Ich laufe im Nirwana und sehe alle Religionen, Hautfarben, Charakteren

Da sehe ich Großvater und Vater, sie spielen Skat mit Jimi Hendrix

Gandhi, Mutter Theresa und JFK sitzen am Stammtisch und lachen

Aufeinmal höre ich ein freudiges miauen und sie rennt zu mir

Jaaaa, es ist moi Katzemäädsche Molly, nun sind wir vereint

Keiner weiß so richtig mit der Zukunft, denn die Zeit ist zeitlos

Man lebt, lacht, weint, denkt, chillt, spricht, tätigt, hört etc etc

Es sind viele Millionen mit kleinen Runden wie im Lagerfeuer

Mal woanders hingehen, wieder unterhalten und kennenlernen

Und es gibt Locations mit Sport, Musik oder Lebensschule

Momentan ist Fußball zwischen Israel und Palästina

Der Boss (Gott) ist selten da, aber er hat gute Ohren

Jesus ist öfter da, er ist Psychologe und studiert die Menschen

Vielleicht ist ja doch nicht Nirwana, vielleicht Sugession

Denn das Licht ist da, das weiß ich von Molly

Wir sind ALLE Licht und wir sind gedanklich eins

Alle Seelen sind unsterblich

Kann ja tatsächlich sein mit neuem irdischen Leben

Denn auf der Erde, Universum, Milchstraße ist alles Kreislauf

Frühling, Sommer, Herbst, Winter - Kreislauf

Anfang, Ende, Anfang, Ende

Und es muss nicht alles auf der Erde sein

Das Weltall ist überall da, auf zum Planeten XY123

Und auch im Weltall ist eine Krümmung - Kreislauf...

Der Körper ist nur eine Hülle, es geht um Seele und Geist

Daher ist es egal, ob Erde, Planet A, Planet Z, neue Lebensneugierde

Aber ich hab in Demut viel Zeit und hab Gott sei Dank meinen Glauben

Also träume ich mit dem Himmels-Live Aid im Nirwana mit John Lennon,

Bob Marley, Janis Joplin, Kurt Cobain oder Amy Winehouse...

C P Gerd Steinkoenig Gerd F Steinkoenig Gerd Gerd 23.01.2023

DIE FRAU IN HOMMAGE UND PHILOSOPHIE

Gerd Steinkoenig hat eine Erinnerung geteilt.

23. Januar um 11:39 ·

Mit Deine Freunde geteilt

Hab doch vor Kurzem meine Lyric FRAUEN - EINE HOMMAGE geschrieben! Das wäre ein sehr gutes Foto dazu! Irgendwann kommt ja mein nächstes Buch...

Vor 4 Jahren

Deine Erinnerungen anzeigen

Garten der Liebe

29. Oktober 2018 ·

Liebe Männer,

wisst ihr, wenn ihr in eine Frau eindringt, seid ihr innerhalb eines anderen menschlichen Wesens, ihr seid in ihr.

Habt ihr jemals erkannt, wie heilig das ist?

Dass das der Einheit nächstgelegenste Erfahrung ist, die ihr jemals haben werdet, und dass sie dieses Geschenk für euch bereithält...

Dass ihr zum Schoss und zum Punkt der Schöpfung zurückkehrt...

Dass auch ihr die Samen der Schöpfung pflanzen könnt...

Dass, wenn ihr sie verlässt, sie die Trennung fühlt, weil ihr euch körperlich herauszieht und sie leer hinterlässt...

Dass die Erlaubnis in ihr zu sein, ein Geschenk ist, eine Ehre, etwas Heiliges, und dass es eure Aufgabe ist, dies zu wissen, respektieren und ehren...

Dass ihr Herz mit ihrem Körper verbunden ist, und wenn ihr in ihren Körper eindringt, auch ihr Herz betretet.

Dass sie alles fühlt, wenn ihr in sie eindringt, denn all eure Energie gibt ihr ihr und in sie weiter...

Deshalb habt ihr die Verantwortung, diesen Raum mit der Transparenz eurer Absichten zu betreten, denn sie wird spüren, wenn ihr sie benutzt, um euren eigenen Schmerz und Emotionen nicht zu fühlen.

Ihr müsst achtsam und euch dessen bewusst sein, warum ihr in sie eindringt und womit ihr sie ausfüllt.

Dieser "Sex" ist die kosmische Verbindung der weiblichen und männlichen Energie, eine heilige Begegnung der Polaritäten, und hat nichts zu tun mit Orgasmus erreichen, ausdauernd zu sein, der Grösse, einer Nummer in eurer Kollektion oder eurem Wert...

Dass eine Frau wahrhaftig zu öffnen, tief zu gehen bedeutet, aber nicht tief in ihr, sondern in euch selbst, euch selbst zu kennen, und je tiefer ihr zu euch selbst vordringen könnt, desto tiefer könnt ihr es bei einer Frau...

Zoe Johansen

Übersetzung: Garten der Liebe

(Art: Natvienna Hannel)

MENSCHENFRAUEN! EINE HOMMAGE!

C P Gerd Steinkoenig 21.01.23

Menschenfrauen sind das interessanteste Lebewesen

Die Magie der Menschenfrauen auf der Erde macht

WOW

Frauen sind Ehefrauen

Frauen sind Freundinnen

Frauen sind platonische Freunde

Frauen sind Mütter

Frauen sind Kinder

Frauen sind Schwestern

Frauen sind Königinnen und Prinzessinnen

WOW

Frauen sind sehr flexibel was sie wollen

Flexibel aus Überleben oder Leben

Mütter sind fürsorglich und beschützend

Mütter sind daher nervend und übervorsichtig

Die Kinder sind wegweisend im Leben durch die Mütter

Kinder sind neugierig und lachen und spielen

Kinder sind die Wegweiser mit den eigenen Erwachsenen

Kinder sind grausam wie 20 Jahre später als Erwachsene

Frauen machen alles um zu überleben

Für die Kinder machen sie alles

Für die Männer sind Frauen oft berechnend aus Instinkt

Um zu Überleben

Frauen sind Rechtsanwältin, Ärztin, Lehrerin, Firmenchefin

Frauen sind aus Liebe zu den Kindern Prostituierte, Bettlerin

WOW

Ich liebe Frauen, weil Frauen besser sind wie Männer

Männer sind immer noch oft Machos - aus Instinkt?

Daher haben Männer Kriege, Kämpfe, Macht, Egoismus

Frauen haben auch Macht, aber viel mehr Liebe, Charme, Fürsorge

Frauen sind aber auch Vamp, Diamonds are the best friends, Gier

Es gibt keine Unterschiede mehr, 2023 ist Frau und Mann eins

WOW

Aber Frau und Mann haben ihre Menscheninstinkte und Lebensziele

Frauen sind in der Ernährungskette auf Nr 1 - die Männer haben die 2

Weil Frauen wissen, das sie Frauen sind

Wegen Frauen gab es Kriege wegen der Männer

Wegen dem Paradies zwischen den Frauenbeinen

Weil Frauen so wunderschön sind

Weil Frauen so verführerisch sind

Weil Frauen so wundergeil sind

Weil Frauen so rasante Körperkurven haben

Mütter, Schwestern, Freundinnen, Ehefrauen, FRAUEN!!

Ist Gott eine Frau?!?

WOW

MEIN EWIGES THEMA: ZEIT

ZEIT Teil 4 (Teil 1 war 2012 im Wochenblatt KL - meine ersten öffentlichen Worte)

Als viele Taten am Tag waren, wurde von der Zeit wenig gedacht

Nun bin ich philosophischer seit Ende 2017

Durch den Schlaganfall bin ich endlicher

Aber gesund davor war ich unendlicher

Seitdem beobachte ich diese komischen Menschen

Vergleich 1982 mit NATO-Doppelbeschluss und

2022/2023 die Klima-Aktivisten z.B. Greta

Oder Luisa Neubauer, das sind Welten

Damals war logische Ideologie mit IQ

Heute sind sie unlogisch ohne Respekt der weißen Alten

Bald ist doch WW III - hab ich schon Anfang 2022 gesagt

Wegen der Panzer aus Deutschland und weiteres

Im Endeffekt IST schon WW III mit

Wirtschaftskrieg, Propagandakrieg, Meinungskrieg

Ich schreibe lieber mit Musikphilosophie, Medienphilosophie

2023 hat man Gott sei Dank you tube mit Musikhistory mit

Pink Floyd, Genesis, Beatles, Jeff Beck, Arena Franklin etc

Aber wer kennt das von einem 18jährigen?

Und auch Ältere wissen es nicht!

"One Hit Wonder" mit Wish You Were Here

Aber wer hört das Album z.B. The Dark Side Of The Moon??

Es ist ein Album-Meisterwerk!

Die Oberflächlichen würden lachen: hahaha, diese vielen Wecker

(Aus "Time")

Oder z.B. die Stimmen von Jon Anderson (Yes) oder Robert Plant

(Led Zeppelin)

Diese Stimmen sind ein Premium-Musikinstrument

Aber die Oberflächlichen würden lachen: was schreit der so...

Ich könnte wegen Plant noch was schreiben, aber

Facebook würde mich wieder bestrafen

Der Insider weiß es: durch den Konzertfilm

The Song Remains The Same...

DAS wäre im 20. Jahrhundert nicht, von wegen Zensur

George Orwell hat recht: in den 20er Jahren des 21. Jahrhunderts

Ist Meinungsdiktatur, Gedankenpolizei!

Mmh! Was mach ich jetzt?!? Eigentlich ist es gleich wieder weg...

Referenz: 6 Fotos zu ZEIT Teil 4

C P 19.01.2023 Gerd Steinkoenig

MODERN TIMES... LEIDER...

Habe gepostet für meinen Account und für meine Gruppe Good Old RockMusic mit einer Werbung mit Literaturnobelpreisträger Bob Dylan über die Time Out Of Mind Sessions 1996/1997! Was war? Facebook meint - bin noch eingeschränkt im Account wegen angebliche "Hassrede"- mit meinem Post ist das Missbrauch!! Und die Posts waren sofort weg!! Wegen BOB DYLAN!!!!!

Hallo Facebook!! Das Bob Dylan-Post von vorhin von Time Out Of Mind Sessions 1996/1997 heißt zwar Bootleg-Series, ist aber OFFIZIELL!! Autorisiert von Literaturnobelpreisträger Bob Dylan!! Soll ich wieder von Euch bestraft werden, obwohl ich eingeschränktes Konto habe?? Die vorherige sogenannte "Hassrede" war nur ein Gag mit einer Bekannten! Da war auch nichts! Ich bin unschuldig!! Greetings! Gerd Steinkoenig

MEINE LIEBLINGSBAND GENESIS

Gerd Steinkoenig

17. Januar um 20:51 ·

Mit Deine Freunde geteilt

Die 10 besten Songs von Genesis

C P Gerd Steinkoenig 17.01.2023

1. Supper's Ready

2. Firfth Of Fifth

3. Blood On The Rooftops

4. Mad Man Moon

5. Ripples

6. The Carpet Crawl

7. Afterglow

8. Driving The Last Spike

9. Fading Lights

10. Burning Rope

Gefällt Verena W und Almut Y

MEIN SWF 3 POP-SHOP-HERO FRANK LAUFENBERG

Wer hätte das gedacht... Am Casettenrecorder aus den 1970ern habe ich bei Frank L gelauscht und mitgeschnitten (für die Jüngeren: zur MusiCasette) mit Top Ten International, LP-Parade, Facts & Platten... Nun aufeinmal mit social networks wie z.B. facebook. Jetzt hab ich Musikinfos, privates oder was Neues aus seinem Internet-Radio... Manchmal haben wir via facebook sogar geschrieben! Woow!!

Frank Laufenberg

Favoriten · 22. Januar um 19:27 ·

Auf der Suche nach einem bestimmten Zeitungsartikel war in einem Ordner der Jahre 1974/5 dieses Bild abgeheftet. Ich muss also um die 30 Jahre alt gewesen sein, als es gemacht wurde. Wenn ich mir das Bild heute betrachte, kenne ich den Typen zwar, aber er ist mir auch irgendwie fremd. Vieles ist in den Jahren von damals bis heute geschehen; vieles, was nicht schön war, vieles, was besser nicht geschehen wäre – ist aber leider. Auf der anderen Seite: noch mehr Dinge sind geschehen, an die ich mit Freude zurückdenke! Und bei diesem Bild fällt mir das schöne Lied von Sandy Denny ein: 'Who Knows, Where The Time Goes' - auf jeden Fall ist sie nicht wiederholbar!

In technischer Hinsicht war Moses der erste, der Daten aus der Cloud auf ein Tablet heruntergeladen hat.

ERFAHRUNGEN

Erfahrungen aus der Kindheit

Erfahrungen von den Eltern

Erfahrungen von Großvater

Erfahrungen von Oma & Opa

Erfahrungen aus meiner Teenie-Zeit

Erfahrungen aus meinen Schulen

Erfahrungen aus meinen Berufslehren

Erfahrungen aus meinen diversen Jobs

Erfahrungen von Freunden & Cliquen

Erfahrungen von diversen Lebenswegen

Erfahrungen von meinen Freundinnen

Erfahrungen von 25, 30, 35, 40, 45, 50, 57, 63

Erfahrungen aus meinem Jahr 2017

Erfahrungen wenn man behindert ist

Erfahrungen von den good Menschen

Erfahrungen von den bad Menschen

Erfahrungen aus meinem Gehirn

Erfahrungen aus meinen Hobbies

Erfahrungen von meinen Gefühlen

Erfahrungen von meiner Vernunft

Erfahrungen aus meinen diversen Zeiten

Erfahrungen von 30 ist anders als 16, 42, 57, 63

Erfahrungen von anderen Menschen

Erfahrungen aus meinen Beobachtungen des Lebens

Erfahrungen als Teenie in der Schule 1973

Erfahrungen als Lehrling 1977

Erfahrungen aus Mannheim-Jobs 1983

Erfahrungen, Erfahrungen, Erfahrungen

Erfahrungen von der Bundeswehr

Erfahrungen aus der US-Army

Erfahrungen aus dem Referat Kultur

Erfahrungen vom OK-KL-TV

Erfahrungen aus dem Seniorenheim-Job

Erfahrungen aus Liebe und Hass

Erfahrungen von Kopf und Bauch

Erfahrungen mit meinem Katzemäädsche

ERFAHRUNGEN AUS MEINEM LEBEN

C P Gerd Steinkoenig 28.01.2023

PROSAEN/LYRICS AUS MEINEN BÜCHERN MIT LEBENSSONNE, KÖNIGSPINGUIN, GLEICHZEITIG ETC... UND FOTOS DES AUTORS VON ANNWEILER, LANDAU ETC...

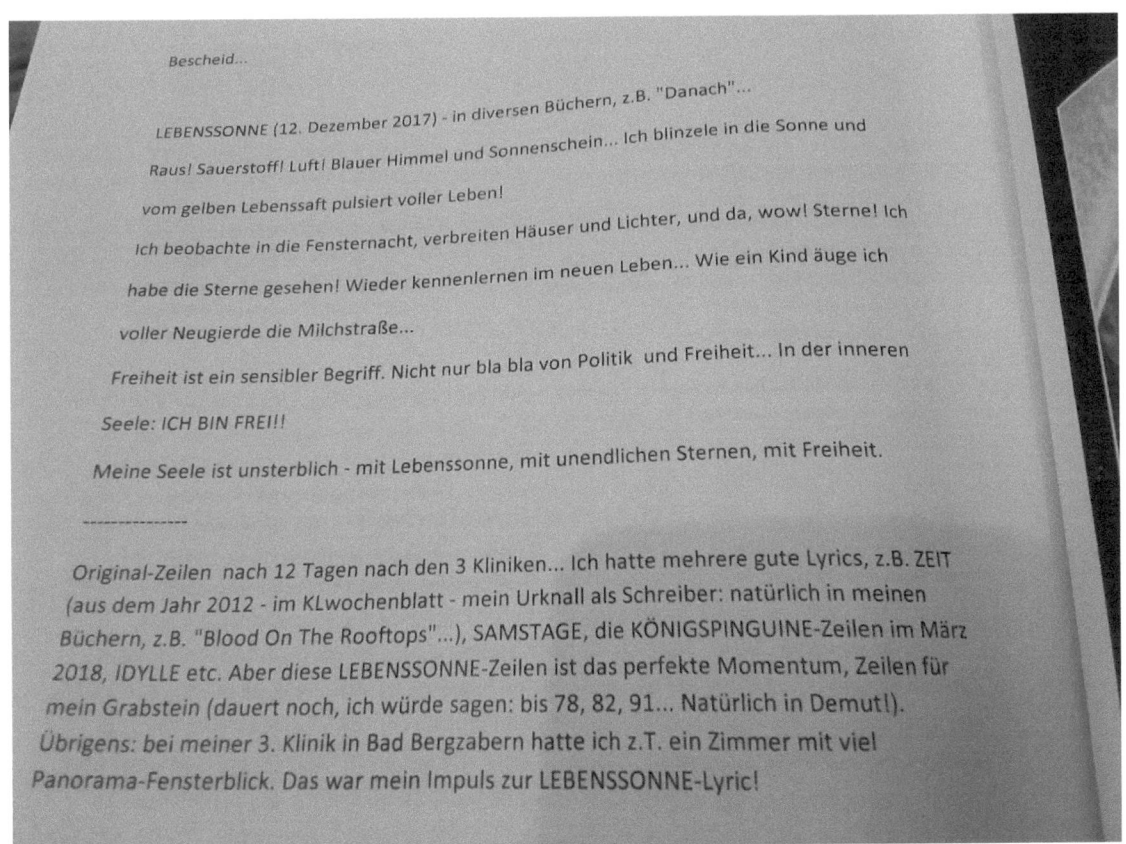

Bescheid...

LEBENSSONNE (12. Dezember 2017) - in diversen Büchern, z.B. "Danach"...

Raus! Sauerstoff! Luft! Blauer Himmel und Sonnenschein... Ich blinzele in die Sonne und vom gelben Lebenssaft pulsiert voller Leben!

Ich beobachte in die Fensternacht, verbreiten Häuser und Lichter, und da, wow! Sterne! Ich habe die Sterne gesehen! Wieder kennenlernen im neuen Leben... Wie ein Kind äuge ich voller Neugierde die Milchstraße...

Freiheit ist ein sensibler Begriff. Nicht nur bla bla von Politik und Freiheit... In der inneren Seele: ICH BIN FREI!!

Meine Seele ist unsterblich - mit Lebenssonne, mit unendlichen Sternen, mit Freiheit.

Original-Zeilen nach 12 Tagen nach den 3 Kliniken... Ich hatte mehrere gute Lyrics, z.B. ZEIT (aus dem Jahr 2012 - im KLwochenblatt - mein Urknall als Schreiber: natürlich in meinen Büchern, z.B. "Blood On The Rooftops"...), SAMSTAGE, die KÖNIGSPINGUINE-Zeilen im März 2018, IDYLLE etc. Aber diese LEBENSSONNE-Zeilen ist das perfekte Momentum, Zeilen für mein Grabstein (dauert noch, ich würde sagen: bis 78, 82, 91... Natürlich in Demut!). Übrigens: bei meiner 3. Klinik in Bad Bergzabern hatte ich z.T. ein Zimmer mit viel Panorama-Fensterblick. Das war mein Impuls zur LEBENSSONNE-Lyric!

BUCH 3

Moi Katzemäädsche Molly März oder April 2005 - 4. Febr. 2021!

In vielen. Büchern von Gerd Steinkoenig (und Pseudonymen wie Gerds Seele Michelle Connery und Gerds Zeitläuferin Beatrice Farber) ist meine Katze Molly mit dabei mit Erinnerungen und Fotos... Sie ist unvergesslich! Sie ist das treueste Lebewesen, das ich kenne (vorallem so lange). Als Kleinkind war sie so neugierig und verspielt - oder sie sprang hoch zum Baumstamm und wieder runter (einfach aus Lebensfreude). Später waren 4 bis 5 Katzen zu ihr. Und einen Freund hatte sie auch (ein schwarzes Katerchen). Und sie war fixiert, dankbar, treu imd lieb mit mir. Wir waren ein Team. Sie war immer da und treu: 2 Hunde bei mir als "Babysitter" - und Molly ging zum Nachbarn (und jeden Abend streichelte ich die Molly), wegen Umzug von KL nach Annweiler 1 Woche nicht zusammen - wir begrüßten uns und wieder freudig, die 3 oder 4 Tage in meinem Schlaganfall-Delirium 2017 war sie wie ein Wachhündin an meiner Seite in meinem Bett - nix Futterchen, sie war treue Wachhündin... Und 9 Wochen ohne mich wegen dem Schlaganfall (Kliniken) - sie freute sich und miaute! 1 Stunde nonstop hatte ich sie gestreichelt! Und die Verabschiedung vor ihrem Weg auf die Regenbogenbrücke: urplötzlich hat sie mich hilfesuchend angeschrien MIAAAU MIAAAU, ich sofort zu ihr ins Bett. Sie war so schwach und leicht. Hab sie gestreichelt und die Decke über sie. Aufeinmal schmuste sie mit ihrem Kopf ca 15 Sekunden an meinem Kinn und ging zum Sterben. Es war surreal, es war von Gott: ich umarmte sie und ich schlief einfach ohne Träume -es sollte so sein!! Später war sie schon in ihrer nächsten Lebensdimension, mein Arm war noch am Fell, und DIESER Blick: die erstaunten Augen, der Kopf nach oben, sie hatte definitiv das Licht gesehen!

Nachfolgend moi Katzemäädsche (Fotos von 2015, 2010) und weitere Fotos (z.B. Annweiler am Trifels 2022):

25

Königspinguin, Menschebene, da Vinci!

Gerd Steinkoenig Mittwoch, 22. Mai 2019

Der Mensch Steinkönig war vorher Königspinguin! In der Dynastie war ich in den höchsten Ebenen der Skorpion - im Mensch SkorpionSternzeichen, oder chinesische Sternzeichen - Schwein. Ich bin als Schwein geschlachtet. Ganz früher in der Lebenschronologie war ich ein kleines Mäuschen, abgequickt durch die Katze... In der Hierachie bin ich weit gekommen: ich weiß aber nicht, ob Löwe oder Geopard oder Hirsch! Natürlich auch als Weibchen. Ich weiß nicht, ob ich erinnern kann. Wahrscheinlich war ich als Baum oder Bäumin als Pflanze: als Mensch verliebt in die Trauerweide. Und jetzt hat die Zeit anno 1959 die Hierachie mit neuer Ebene als Mensch neu geboren. Das erste Mal? War mein Gehirn nicht lebensfähig, dafür als Prüfung die Krankheiten heingesucht? Dann in die untere Ebene, als Panda oder Wal - oder gerade deshalb, ab als Maus für die Katze und der Schlange... Oder kein Weg zurück: das erste Mal Mensch, dann zum 2. mal, 5. mal, 9. mal??! Die Symbiosen von Tier und Mensch haben ihre Wege, Sinne, Schicksale, Vorhersehungen, überall. Unterschiede zu Gott, Glaube, Universum von/über Tier und Mensch! Tiere sind voller Treue und Liebe zu bösen, gewalttätigen Menschen - nur als Beispiel.

Annweiler am Trifels, März 2018

Fotos - Titel: Bad Bergzabern 2017 (Kunst mit Frau), Klappentxtfoto: Alzey 2017 ("Queen" mit Puzzle)

_____

27

Gerd Steinkoenig hat eine Erinnerung geteilt.
37 Min. ·

Es sollte ein Buch sein, dann doch nicht! Aber die Titelworte mit Pipi war geil!! HAPPY SUNDAY, IHR LIEBEN 😊

Vor 2 Jahren
Deine Erinnerungen anzeigen >

Gerd Steinkoenig
29. Januar 2021 ·

Ist kein offizielles Buch - nur zu meinem Richterchen mit BoD Fun. Auf den Punkt mit ein paar Zeilen und Fotos... Wegen Covid19 Organisation von BoD dauerts 5 oder 6 Wochen, aber dann... Ohne Veröffentlichung, nur 2 Bücher für Richter und mich...

Gerd Steinkoenig

Pipi Langstrumpf ist die erste Punkerin

Für meinen Betreuerrichter

Gerste Pt 5 - GLEICHZEITIG

Gerd Steinkoenig·Sonntag, 22. September 2019·2 Minuten

In Annweiler Heimat-Trommler, in K-Town keine Ahnung - vielleicht Kneipendiskussionen wegen de Betze, gleichzeitig auf der Erde, die gleiche Sonne, der gleiche Himmel, die gleiche Erde, diverse Religionen, diverse Ansichten, diverse Gehirnwäsche, diverse Mainstreams, diverse Morde, diverse Gesellschaften, diverse Vergewaltigungen, diverse Meinungen, diverse Liebe, diverse Psychoterror, ob in New York City oder Rom oder Paris oder Nairobi, oder Mumbai oder London oder Tokio oder oder oder... In Deutschland gibt es gefühlte 1000 Arten der Regionalansichten mit diversesten Menschen - und doch das Gleiche mit Uniformierungen ala Lidl, Aldi, Telekom-Shop etc... Wenn ich die Erde sehe von oben mir göttlichem Aura, mit Ruhe und Grenzenlosigkeit und Frieden... Aber tatsächlich gleichzeitig 9548 Morde, 11076 Vergewaltigungen, 26987 Diebstähle - und 28745 mal Geschlechtsverkehr... Keine Ahnung, vielleicht mehr oder weniger, aber alles gleichzeitig auf der Erde, in der gleichen Sonne, mit den diversesten Gehirne und Meinungen durch Freunde, Kumpels, Feinde, Printmedien, TV, Computer etc... Sie meinen, es ist richtig in ihrem Kopf, dabei 498249932 diverse richtige (?) Meinungen.

Dies ist das Geheimnis auf der Erde: das Projekt "Mensch"! 3797 ist das Ende von Nostradamus - das Ende von Hass und Macht und Krieg, sondern endlich Liebe? Alle Menschen sind Brüder und Schwestern? Oder kommt einfach der Atombombenkrieg oder die Klimakatastrophe und die Menschen sind weg... Sauriers weg, Menschen weg, wer kommt als Nächstes?

Übrigens: Gott ist es egal! Weil Gott hat viele Planeten und Lebewesen-Kreationen. Das nächste Leben bin ich dabei. Bin mal gespannt, mit dem anderen Planeten. Vielleicht eine blaue Sonne? Mit pinke Bäumen?

Gerste Pt 6 - Musik

Gerd Steinkoenig·Montag, 23. September 2019·2 Minuten

Musik 2019 und Musik 1978 sind zwei verschiedene Universen.

1978 sind zig Pop- und Rocksendungen in der ARD/ZDF. Ansonsten Dampfradio mit z.B. SWF 3 - Pop Shop mit Frank Laufenberg. Rockpalast-Nächte mit kompletten Konzerten (ARD!!!!), Musikladen, Rockpop etc etc... Mikrofon mit Casettenrecorder am Fernseher und zu den Eltern gemeint: RUUUUHISCH!!!! Ich nehm gerade auf... Oder Radio mit den Songs und dann

6

Macklemore feat. Kesha – Good Old Day

I wish somebody would have told me, babe

Some day, these will be the good old days

All the love you won't forget

And all these reckless nights you won't regret

Someday soon, your whole life's gonna change

You'll miss the magic of these good old days

I was thinking about the band

I was thinking about the fans

We were underground

Loaded merch in that 12-passenger van

In a small club in Minnesota

And the snow outside of 1st Ave

I just wanted my name in a star

Now look at where we at

Still growing up, still growing up

I'd be laying in my bed and dream about what I'd become

Couldn't wait to get older, couldn't wait to be some

Now that I'm here, wishing I was still young

Those good old days

Unter allen Geschöpfen dieser Erde gibt es nur eines, das sich keiner Versklavung unterwerfen lässt. Dieses ist die Katze.

– Mark Twain

Forever moi Katzemääädsche Molly (2005 - 2021)

...flegeschule absolviert und mal immer wieder all...

Gerd Steinkoenig

3. Juli 2018

Mit Öffentlich geteilt

DELIRIUM IM NIRWANA (SONGTEXT)

Plötzlich bum

Fenster mit blau

Delirium mit Schlaf und Pisse

Treues Katzenmädchen brav ohne Futter

Plötzlich bum

Gasse im Zeitraffer

Rolläden , es ist am Abend

Treues Katzenmädchen brav ohne Futter

Plötzlich bum

Freunde, es klingelt

4 oder 5 TagNacht

Treues Katzenmädchen brav ohne Futter

Plötzlich bum

Sie sagt: Es ist alles gut

Taxi nach Krankenhaus

Treues Katzenmädchen, sie kriegt ihr Futter

Gerd Steinkoenig, C P 03.07.18

03.07.21: bräuchte nur noch eine Melodie...

Meine vielen Bücher sind meistens Momentums. Wenn ich in den Büchern schmökere, gab ich tatsächlich Zeitoasen: ah, soo war ich drauf in dieser Zeit... In diesem Kapitel nur ein bisschen. Weitere "Best of" in diversen Büchern...

Und wieder ein bisschen Fotografie - im Momentum... Viele weitere Fotos bei meinen

Büchern, z.B. bei meinem 80-S/W-Fotos-Buch.

TITELBILD ODER NICHT??

Gerd Steinkoenig

16 Std. ·

Wahrscheinlich wird es mein nächstes Titelbild zum neuen Buch LEBEN TEIL 2!! Hab für die Covergestaltung rechts und links Platz (weil immer ein bisschen fehlt), damit die "Volksmusik" komplett abgeht ☺ ☺ Alles dabei von Abba bis ZZ Top, und meine Lebensbegleiter Genesis, Pink Floyd, The Beatles, Led Zeppelin, Deep Purple, Kate Bush, Neil Young, Sade, David Bowie... Hach ☺ C P Gerd Steinkoenig 28.01.2023

2. Version...

DIVERSE FOTOS BEI MEINEM DEFINITIVEN VERY LAST BOOK!!!!!!!!!!!!!!!!!!

Weitere Fotos und Lyrics/Prosaen bei facebook (Headquarter), Instagram, Twitter, You Tube, Tik Tok...

NACHWORT

Vielen Dank für Eure Inspirationen für den Autor :-)

Herstellung und Verlag: BoD – Books on Demand, Norderstedt
ISBN: 9783734795435